ANSIEDAD

ANSIEDAD

Introducción

Los trastornos de ansiedad son sensaciones, a veces crónicas, que involucran a millones de personas. Estos son estados de ánimo que afectan a todo el cuerpo humano, tanto física como mentalmente, e incluso crean inhibición en el desempeño de ciertas funciones. A menudo este tipo de trastorno está vinculado a un acontecimiento, pasado, presente o futuro, que asume el control del pensamiento del sujeto afectado y que altera la visión de la realidad.

La ansiedad es provocada por eventos pasados, cuando tales eventos representan un trauma en la vida de un individuo. El trauma puede estar relacionado con una visión, con un sentimiento sentido o con una simple percepción, pero crea una distorsión de la realidad, que a su vez genera pensamientos angustiados y obsesivos. Sin embargo, si se vincula a acontecimientos futuros, la ansiedad se alimenta de la inseguridad que posee el sujeto. Estos eventos pueden ser representados por exámenes escolares, citas románticas o competiciones deportivas. En este caso la persona ansiosa no es capaz de planear el futuro objetivamente, porque la presencia de este evento crea manifestaciones de ansiedad y preocupación. Por último, la ansiedad puede ser causada por la intolerancia hacia las situaciones cotidianas, que el sujeto se ve obligado a afrontar a pesar de no sentirse capaz de hacerlo. La falta de fuerza y vigor son en realidad sólo el resultado de una alteración cognitiva y por lo tanto es necesario reequilibrar la contribución de energía dentro del organismo. Este tipo de ansiedad puede ser causada por situaciones desagradables dentro de la familia, el lugar de trabajo o dentro del entorno social estrecho, que implican a amigos y conocidos.

Otra causa capaz de desencadenar estados de ansiedad son las fobias. A menudo este tipo de miedo extremo puede estar asociado con motivaciones innatas, pero este no es siempre el caso. A veces, de hecho, los temores están relacionados con el trauma de la infancia, tal vez suprimido dentro de la memoria del sujeto afectado.

Capítulo 1 - ¿Qué es la ansiedad?

La ansiedad es un estado emocional que genera preocupación y malestar, debido a situaciones particulares como el trauma o debido a una reacción del sistema neuronal, amplificado con respecto a la realidad. Los sujetos que sufren este estado de ansiedad encuentran difícil relacionarse normalmente con otros individuos, razón por la cual la ansiedad afecta no sólo a quienes la viven, sino también a las relaciones sociales del sujeto.

Cada ser humano ha vivido o vivirá en el curso de su vida una situación de ansiedad, que provocará estados de nerviosismo, miedo, confusión, en los casos más agudos también depresión y ataques de pánico. Desde la adolescencia se siente esa sensación de malestar en el estómago debido al primer amor cocinado, pero en la edad adulta la ansiedad se puede rastrear también a situaciones laborales o familiares. Hay situaciones que generan una ansiedad positiva, útil para tratar tales situaciones con mayor tenacidad, como la ansiedad antes de un examen, antes de una importante reunión de trabajo.

El problema surge cuando un individuo sufre constantemente de trastornos de ansiedad, en cada gesto de la vida, ya no siendo capaz de actuar con lucidez.

1.1 - Trastornos de la ansiedad

La ansiedad puede causar toda una serie de trastornos relacionados que pueden convertirse en una patología real si no se trata de la manera correcta y más adecuada.

Los principales trastornos de ansiedad pueden ser conductuales, cognitivos o físicos.

Los trastornos cognitivos de la ansiedad afectan la vida cotidiana, a través de sensaciones negativas continuas, una sensación de vacío aparentemente insalvable, miedo constante a los peligros. Por esta razón, los comportamientos se utilizan para protegerse de cualquier evento externo que pueda resultar peligroso. Esto resulta en un cambio en el comportamiento.

A nivel del comportamiento, la ansiedad hace que el sujeto evite todas las situaciones que puedan generar ansiedad o preocupación, tratando así de eludir los problemas o buscando formas de sufrir un estado menos ansioso, cómo tomar antidepresivos o ser acompañado por otros sujetos para garantizar una mayor paz mental. Sin embargo, este comportamiento no es más que una forma de escapar de la realidad, que de esta manera no se aborda directamente, sino que se elude.

Todo esto genera inevitablemente perturbaciones físicas. Los síntomas físicos causados por la ansiedad suelen ser palpitaciones, dolor en el pecho, dificultad para respirar, náuseas, mareos, sudoración, temblores y agitación, desaliento.

Las palpitaciones pueden ocurrir bajo diferentes formas, como la frecuencia cardíaca y la arritmia. La forma más común de arritmia es la taquicardia, que puede ser acentuada por el uso de cafeína, nicotina o alcohol. Las palpitaciones se pueden sentir en el pecho, pero también en el cuello y la garganta, incluso en reposo, es decir, sin ninguna actividad física que implique un esfuerzo. Por lo general es un trastorno psicosomático, que no representa una patología real, pero que puede llegar a ser insostenible por aquellos que lo intentan porque no les permite hacer frente a la vida cotidiana con normalidad.

En los estados de ansiedad grave, un fuerte dolor en el pecho puede ocurrir, pero sin ningún trastorno cardíaco, que puede surgir de trastornos gastroesofágicos o la respiración torácica. El sujeto ansioso, por lo tanto, interpreta este trastorno como una patología grave, sufriendo aún más a nivel mental. En realidad, sin embargo, situaciones estresantes y difíciles pueden alterar los niveles de adrenalina en el cuerpo, acelerando todos los mecanismos e incluso los latidos del corazón, sin ocultar ninguna patología. La adrenalina ayuda al cuerpo a reaccionar mejor en ciertas situaciones. El dolor en el pecho es causado por ataques de pánico y una reacción exagerada. Por lo general este dolor se manifiesta agudamente, junto con sensaciones de ardor, entumecimiento y rigidez del pecho: tienes la sensación de tener un peso en el pecho, una roca que oprime y aplasta, casi evitando que respires. De hecho, el cerebro reacciona a la ansiedad y el estrés mediante la generación de autodefensa, a través de una mayor contracción de los músculos, que es generalmente la causa de este problema.

La dificultad para respirar es un problema adicional causado por la ansiedad. Los sujetos ansiosos de hecho son incapaces de implementar una respiración abdominal adecuada, y la respiración tiene lugar a través del pecho o la respiración torácica, causando un esfuerzo de los músculos intercostales, y generar la sensación de no poder respirar. Sin embargo, los que sufren de ansiedad no son capaces de entender que este trastorno está relacionado con el tipo de respiración, y por lo tanto no serán capaz de controlarlo, aumentando el nivel de ansiedad aún más.

Cuando sufres de ansiedad, las contracciones del estómago se vuelven irregulares y pueden causar náuseas. Por lo tanto, se ve afectada por la función digestiva y también dietética, porque las náuseas se ven como un síntoma de algo más grave, generando así más ansiedad que puede degenerar en ataques de pánico. En casos agudos, las náuseas pueden convertirse en vómitos.

El mareo es también uno de los síntomas más comunes que la ansiedad puede causar. El mareo es una alteración de la percepción sensorial, que genera confusión, mareos y desequilibrio, el resultado de una ilusión de movimiento del propio cuerpo o de la realidad circundante. La ansiedad puede acentuar grandemente estas sensaciones negativas, empeorando el cuadro entero de la persona que sufre de ellas.

También los temblores son muy frecuentes en los sujetos que sufren de estados de ansiedad, y consisten en movimientos oscilantes de ciertas partes del cuerpo, causados por contracciones involuntarias de los músculos.

Cuando estás en un estado de ansiedad o estrés severo, tu temperatura corporal tiende a subir, por lo que hay episodios frecuentes de sudoración. Este aumento en la temperatura corporal se debe a la mayor cantidad de adrenalina y noradrenalina presentes en el cuerpo, que generan un aumento en el metabolismo y el consiguiente aumento en la producción de calor y sudoración.

Los que sufren de ansiedad a menudo se sienten desalentados e incapaces de vivir la realidad de la manera correcta, sintiéndose incapaces de afrontarla. Precisamente por esta razón la ansiedad, aunque no sea una patología real, puede llevar a consecuencias negativas para el que la sufre, ya que puede hundirlo en un abismo del que no ve el final.

1.2 - Complicaciones en los trastornos clásicos de ansiedad

Los estados de ansiedad a veces pueden degenerar y llevar a complicaciones, como el trastorno de ansiedad generalizada y los ataques de pánico.

Estos trastornos representan la evolución de todos los síntomas previamente desencriptados, aunque varían de persona a persona. El sujeto que sufre de estos estados de ansiedad tiene la sensación de volverse loco, se siente impotente y tiene miedo de morir. A veces este miedo es un miedo real al miedo, que sólo aumenta el nivel de estrés psicológico que causa la ansiedad. Por esta razón no es fácil sanar de la ansiedad y recuperar su propia vida.

1.2.1 - Trastorno de ansiedad generalizada

El trastorno de ansiedad generalizada (DAG), no es simplemente un estado de ansiedad, y consiste en la sensación continua de estar bajo presión incluso sin una razón real y en la preocupación constante de que algo negativo puede suceder. Los que sufren de este trastorno experimentan estos sentimientos la mayoría de los días, durante períodos prolongados: incluso el mero pensamiento de afrontar el día genera ansiedad y fobia.

Si bien reconocen que tienen un problema y que reaccionan excesivamente en diversas situaciones, los que sufren este trastorno no le dan importancia a su problema, evitando enfrentarlo y comprometiendo así su vida diaria. Tanto el día como la noche se ven afectados: el sueño es irregular, a veces totalmente ausente, creando estrés también debido a la fatiga resultante de no dormir. El insomnio proviéne de pensamientos y preocupaciones que nunca salen de la mente del sujeto. Esto produce síntomas físicos que van desde sofocos hasta temblores, rigidez muscular e irritabilidad. La sensación de vacío e inadecuación causa dificultades respiratorias y náuseas, nudos en la garganta y sensación continua de tener que ir al baño, continuo y constante cansancio y agotamiento, miedo y aumento de la susceptibilidad a los acontecimientos normales, hasta el punto de la depresión.

A diferencia de otras personas que sufren de ansiedad, aquellos con trastorno de ansiedad generalizada no tienden a evitar situaciones que pueden causar problemas o dificultades, Sin embargo, esa condición puede llevar a la persona a un estado de debilitamiento físico y mental tal que ya no pueda desempeñar ninguna función personal, familiar o laboral.

Generalmente la manifestación de este trastorno ocurre gradualmente, generalmente durante la niñez o la adolescencia, pero también puede ocurrir en otros momentos de la vida, y es más generalizada entre las mujeres. El diagnóstico no es muy simple, ya que sólo un tercio de los que sufren, de hecho, en vez de ver a un especialista de la psique con el fin de obtener una cura, optan en su lugar por los médicos de base, los gastroenterólogos, los cardiólogos, es decir, otras personas que no son en absoluto útiles para este propósito. En cualquier caso, el diagnóstico se basa en la presencia durante un período de sólo 6 meses de una excesiva preocupación por problemas aparentemente banales de la vida, acompañada de malestar físico y mental.

La terapia para curar este trastorno sigue siendo experimental, pero los antidepresivos y otros tipos de fármacos específicos son útiles, sin embargo, el especialista evaluará el más adecuado para cada paciente. La terapia cognitivo-conductual también puede ser muy útil en la lucha contra esta enfermedad, a través de ejercicios de relajación muscular, el aprendizaje del autocontrol y la liberación de todas las tensiones.

1.2.2 - Los ataques de pánico

Aquellos que sufren de un estado de ansiedad también pueden sufrir ataques de pánico en ciertos casos. Los ataques de pánico golpean repentina y repetidamente, sin ninguna señal de anticipación, y generan un verdadero estado de terror en la persona afectada. La incapacidad para predecir cuándo ocurrirán estos ataques causa mucha angustia, porque hay temores de que puedan ocurrir cuando usted está en público, o cuando usted está solo.

Cuando tienes un ataque de pánico, experimentas verdadera agonía, con varios síntomas como dolor en el pecho, sudoración, dificultad para respirar, aumento de los latidos del corazón, náuseas y confusión. El temor a un evento negativo inminente empeora el panorama general. En algunos casos los ataques terminan con la pérdida de conciencia del sujeto. Las crisis no sólo ocurren cuando estás experimentando momentos de dificultad o situaciones estresantes, sino que también pueden ocurrir por la noche durante el sueño, ya que el sujeto está en un estado de ansiedad perenne. La duración de cada ataque varía de 2 minutos a un máximo de 10 minutos, sin embargo, hay casos raros en los que dura incluso una hora o más. No hay edad para los ataques de pánico, de hecho, pueden ocurrir en cualquier momento de la vida, desde la infancia hasta la vejez, pero sin embargo son más comunes entre las mujeres que los hombres.

Tener un ataque de pánico no significa estar enfermo, puede suceder sólo una vez y luego no repetirse, debido a una situación particularmente estresante. Este trastorno se transforma en una enfermedad real en el momento en que es constante en la vida del enfermo, y si no se trata con las modalidades correctas puede llegar a ser debilitante y limitar las actividades de la vida.

Los ataques de pánico pueden llevar al sujeto a desarrollar otros problemas, precisamente debido a su condición, como la depresión o una adicción al alcohol u otras sustancias. También pueden desarrollarse fobias y temores que no se habían experimentado antes, quizás vinculados a los lugares donde se produjeron los

18

ataques. Algunos sujetos por esta razón están convencidos de que es mejor vivir en peores condiciones que antes, con el fin de evitar que los ataques recurren, renunciando a la comodidad o situaciones previamente neutrales, como el uso del coche, el uso de ascensores, la asistencia de lugares abarrotados o incluso salir de la casa. Otros sujetos siguen viviendo sus vidas de la misma manera, pero no son capaces de hacer frente a ciertas situaciones por su cuenta y por lo tanto necesitan la presencia constante de la pareja o cónyuge o una persona en la que confían completamente.

La vida de los que sufren de ataques de pánico por lo tanto está completamente condicionada, hasta el punto de llevar al sujeto a sufrir también de una forma de agorafobia, que es el miedo de estar en espacios abiertos o cerrados no familiar, así que fuera de control, lo que provoca la necesidad de encontrar una ruta de escape. Este trastorno es un verdadero problema social, que lleva al sujeto a una especie de aislamiento del que es difícil salir sin una ayuda terapéutica eficaz.

Las terapias útiles para curar este trastorno deben ser necesariamente evaluadas por especialistas médicos en el campo, y generalmente dependen del apoyo psicoterapéutico acompañado de la administración de medicamentos. La terapia cognitivo-conductual también es clave para combatir los ataques de pánico, y se basa en técnicas de respiración y control de situaciones que podrían desencadenar un ataque. Una de las técnicas cognitivas-conductuales más efectivas es la llamada exposición, que consiste en exponer gradualmente a los pacientes a situaciones en las que tienen miedo, enseñarles a enfrentarlas lentamente y superarlas.

1.3 - La correlación entre la ansiedad y las fobias

Cuando la ansiedad se manifiesta con trastornos persistentes y constantes, en forma de trastorno de ansiedad generalizada o ataques de pánico, es posible que varias fobias relacionadas con ella también pueden desarrollarse. Las fobias representan temores relacionados con ciertas situaciones u objetos que en realidad no representan un peligro real. Los que desarrollan fobias viven una fuerte incomodidad que altera la percepción de la realidad, generando estrés y ansiedad adicionales. Las fobias pueden dividirse en tres tipos principales, a saber, fobias específicas, fobias sociales y agorafobia.

1.3.1 - Fobias específicas

Muchas personas tienen temores específicos, es decir, tienen una fobia relacionada con una situación u objeto particular. Las fobias específicas más comunes son las relacionadas con lugares cerrados, alturas, vuelo, túneles, heridas sangrantes, bacterias y microbios, perros. Estos temores son irracionales, difíciles de controlar, e incluso si el sujeto que los tiene es perfectamente consciente de esta irracionalidad, todavía es incapaz de evitar estar enfermo y tener un ataque de pánico y una fuerte ansiedad.

Aproximadamente una de cada diez personas sufre fobias específicas, y este es también el caso de las mujeres. Las fobias pueden desarrollarse a cualquier edad, en la infancia, pero también en la edad adulta. Si una fobia específica se ha manifestado como un niño, es más probable que desaparezca con el crecimiento, incluso si este no es siempre el caso. De hecho, no está claro cómo en algunos sujetos las fobias pasan por sí mismas, mientras que en otros persisten también con el paso de los años.

La terapia cognitivo-conductual puede ser esencial para combatir las fobias específicas, pero hay numerosos casos en los que los afectados no se dirigen a un especialista, sino que tratan de superarlas a su manera: si es posible evitar situaciones u objetos que generan miedo y miedo, se cree que puede controlar la fobia y evitar que se manifieste, por lo tanto, sin utilizar ningún apoyo externo. Sin embargo, esto no se puede considerar una solución válida para curar fobias específicas, ya que tarde o temprano el problema volverá a surgir o sin embargo su vida se verá afectada por hacer o no hacer una cosa determinada, de no asistir a un determinado lugar.

Uno de los enfoques terapéuticos más válidos es el de la desensibilización sistemática, que consiste en hacer que el sujeto se enfrente gradualmente a una situación similar que le aterroriza, hasta que desaparezca la fobia. Los que se someten a esta terapia obtienen resultados positivos en el 75% de los casos, gracias también a ejercicios de respiración y relajación muscular, que son muy útiles para aliviar la ansiedad. No hay medicamentos para las fobias específicas, sin embargo, es posible administrar a los que sufren de tales trastornos de otros medicamentos que pueden actuar sobre la ansiedad para aliviarlo.

1.3.2 - Fobias sociales

Las fobias sociales se refieren a la dificultad de ciertas personas para relacionarse con otros individuos, para los que están constantemente avergonzados. Esta fobia, también llamada sociofobia, generalmente ocurre en la adolescencia temprana, pero también persiste con el crecimiento. Los que sufren de este trastorno están convencidos de que son la única persona que no sabe cómo hacer frente a ciertas situaciones, como hablar en público o interactuar con otros individuos, aunque no sea la realidad. Esto lleva a la persona a acercarse a sí mismo, para evitar la vergüenza debido a la sensación de tener todos los ojos en él. Esta actitud se confunde a menudo con la timidez, pero con ella no tiene nada que ver, porque los que son tímidos pueden sentirse incómodos en presencia de otras personas, pero no viven una verdadera angustia ante la idea de tener que encontrarlos. No todos los socio fóbicos son tímidos, de hecho, pueden estar perfectamente cómodos en compañía, excepto en ciertas situaciones o circunstancias. Sin embargo, la sociofobia puede hacer la vida muy difícil y puede llevar a la persona afectada a comprometer su carrera laboral precisamente debido a la fobia de hablar en público o interactuar con terceros, y además la ansiedad que anticipa estos acontecimientos puede debilitar totalmente al sujeto.

Incluso aquellos que son afectados por este tipo de fobia se dan cuenta de que sus miedos y ansiedades no tienen razón para existir, pero son incapaces de controlarlos porque la idea de tener que enfrentar un evento social pierden totalmente la cabeza. En el caso de que las situaciones fóbicas sean tratadas, en cualquier caso, la ansiedad continúa aún más tarde, ya que en ese momento prevalecerá la cuestión del juicio de otros.

El tratamiento recomendado para pacientes con sociofobia es la terapia cognitivo-conductual, acompañada en los casos más difíciles por la farmacológica, siempre bajo prescripción. Alrededor del 80% de los que se someten a estas terapias son capaces de superar su fobia y recuperar el control de sus vidas. El camino a la sanación es, sin embargo, muy complejo, y es crucial que el sujeto tenga gran fuerza de voluntad.

1.3.3 – La agorafobia

La agorafobia es el tercer tipo más común de fobia, y representa el miedo a los espacios abiertos en los que no hay control de las situaciones. El término "agorà" significa de hecho "plaza" y se utilizó para indicar la plaza como lugar de reunión y agregación. Así la agorafobia también puede ser descrita como el miedo de frecuentar lugares abarrotados desde los cuales uno no puede ver una salida en caso de peligro o alerta. Por lo general, las personas que sufren este trastorno también sufren de ansiedad y ataques de pánico, que hacen que este miedo se desarrolle más fuertemente.

El sujeto agorafóbico tiende a evitar todas las situaciones que puedan causarle pánico, como estar en un concierto o en una sala llena de gente, conducir, subir a un autobús o avión, pasar por un puente o tomar el ascensor. Todo esto tiende con el paso del tiempo a alterar la vida cotidiana y la calidad de vida, con repercusiones tanto personales, como laborales y sociales.

La agorafobia puede estar relacionada con un trastorno de pánico o no estar relacionada con otros tipos de trastornos. En ambos casos la terapia útil para la curación es siempre la cognitiva-conductual, que tiene como objetivo educar al sujeto para enfrentar las situaciones que podrían generar pánico y estrés. La psicoterapia también puede ser crucial para el tratamiento de la agorafobia, mientras que los medicamentos sólo son beneficiosos a corto plazo.

1.4 - Cuando la ansiedad se convierte en una patología real: trastornos obsesivo-compulsivos

Cuando la ansiedad se convierte en el amo de la vida de una persona, cada situación puede ser experimentada con tal angustia que requiere una preparación psicológica y mental real antes de enfrentarla. En estos casos se puede hablar de trastorno obsesivo-compulsivo.

Los trastornos obsesivo-compulsivos causan niveles muy altos de ansiedad en el sujeto afectado, que el sujeto trata de calmar con rituales específicos que son en realidad insignificantes. Puede haber una variedad de situaciones que son objeto de este problema, pero en general provocan asco y miedo excesivo en los que lo sufren. Se habla de obsesiones y compulsiones, incluso si a veces tales trastornos se llaman erróneamente delirios o fijaciones. Las obsesiones se refieren a imágenes y pensamientos negativos que se repiten continuamente en la mente del sujeto, mientras que las compulsiones representan los rituales establecidos para derrotar tales pensamientos. Una de las obsesiones más extendidas es la de la fobia a los gérmenes y bacterias, que conduce al lavado continuo de las manos. Otro trastorno obsesivo se puede identificar como la necesidad de verificar una determinada cosa repetidamente, como comprobar si el gas está cerrado o la puerta cerrada. El trastorno se diagnostica cuando estas actividades ocupan al menos una hora durante el día, interfiriendo con la vida cotidiana. Los sujetos adultos que sufren de este trastorno se dan cuenta de que sus acciones no tienen sentido y no resolverán sus problemas, sin embargo, no pueden evitar lograrlos de todos modos, los niños que sufren de esta enfermedad no se dan cuenta.

Incluso este tipo de trastorno puede ocurrir en cualquier etapa de la vida de una persona, desde la infancia hasta la edad adulta, y afecta a alrededor del 2% de la población, en igual medida entre hombres y mujeres. El curso de los problemas no es uniforme, sin embargo, puede variar de un tema a otro, afecta en gran medida la predisposición familiar.

Los trastornos obsesivos-compulsivos también pueden ir acompañados de otras complicaciones, como alcoholismo, tabaquismo, depresión y trastornos alimenticios.

1.4.1 - Trastornos de estrés postraumático

Los trastornos por estrés postraumático (TEPT) ocurren después de un evento impactante y dramático al que el sujeto ha sido sometido. La terrible experiencia lleva al sujeto a una profunda crisis, con pensamientos negativos y recuerdos que vuelven continuamente y constantemente a la mente, haciendo que la persona sea emocionalmente seca hacia los que le rodean, especialmente a los que hasta entonces eran más cercanos a ella.

Este tipo de disturbio fue tratado inicialmente para los veteranos de guerra, y de hecho fue llamado explosión o disturbio de combate. Sin embargo, en la actualidad es bien sabido que las causas también pueden diferir de los acontecimientos traumáticos ocurridos durante una guerra. De hecho, los trastornos por estrés postraumático pueden ser el resultado de desastres naturales como terremotos o inundaciones, accidentes de automóviles, en tren o graves de otro tipo, o acontecimientos violentos como robos, violaciones, secuestros, agresiones y torturas. Incluso si un acontecimiento no se experimenta personalmente, pero la persona es, por ejemplo, testigo de una tragedia causada por un ataque terrorista o un accidente aéreo, tal perturbación puede ocurrir, debido a la conmoción causada por la tragedia que ocurrió desarmado, sin nada que hacer para evitarlo.

Las personas que sufren trastornos por estrés postraumático continúan reviviendo el momento del trauma, con pesadillas y pensamientos recurrentes durante el día y la noche, y también sufren de insomnio, depresión y apatía. El estado de ánimo del sujeto es totalmente molesto, de hecho, puede volverse fácilmente irritable y muy nervioso, totalmente desapegado de las cosas de la vida y de lo que sucede a su alrededor, perdiendo todo interés y convirtiéndose en algunos casos aún más violento extremo. Para evitar traer esto de vuelta a la mente, los que sufren tienden a evitar ir a lugares o personas que de alguna manera pueden recordarles los detalles del trauma. Cuando se aproxima el momento de la repetición de estos hechos, el sujeto es atacado por la angustia.

Los síntomas y su extensión pueden variar dependiendo del sujeto y dependiendo del evento que ha generado el trastorno postraumático, pero en general son más pronunciados y violentos cuando el choque fue causado por la acción de una persona y no por otros tipos de eventos. El principal ejemplo de este mecanismo es la violación, que cambia radicalmente a quienes la sufren casi irreparablemente. La violación es un hecho dramático para cualquier individuo, y más aún si se sufre entre la infancia y la adolescencia, porque el crecimiento se caracterizará por una tragedia. Los que sufren esta violencia tienden en el primer período a reaccionar como si la violación hubiera sido sufrida por otra persona, precisamente porque su mente activa un mecanismo de autodefensa del sujeto. Posteriormente, los recuerdos y flashbacks comienzan a llegar con más y más frecuencia, hasta que reviven totalmente ese momento. En esos momentos el sujeto pierde contacto con la realidad, reviviendo la tragedia por unos segundos, pero este período puede durar incluso unos días. Por esta razón cada hecho o elemento, que en apariencia no tiene nada que ver con ese acontecimiento traumático en particular, no hace más que recordarlo a través de imágenes, olores, sonidos, colores.

En la mayoría de los demás eventos que causan trastornos de estrés postraumático, la probabilidad de desarrollar estos síntomas no es muy alta, sin embargo, no está ausente, aunque está principalmente generalizada entre las víctimas de violación.

Para tratar los trastornos de estrés postraumático es necesario realizar un curso junto con psicoterapeuta especialista, que indicará la terapia farmacológica adecuada para acompañar la terapia cognitivo-conductual. El apoyo de familiares y amigos también es esencial en estos casos.

1.4.2 - Trastornos asociados: alcoholismo y tabaquismo

No todos los que sufren de trastornos de ansiedad se limitan al problema: algunos de ellos también desarrollan una serie de trastornos asociados como depresión, alcoholismo, tabaquismo y trastornos de la alimentación. El alcoholismo se define como el abuso de bebidas alcohólicas, continua y repetidamente. El abuso de alcohol afecta negativamente la esfera neuronal, generando mecanismos similares a los trastornos de estrés postraumático, causando ansiedad y miedo en el sujeto, que sin embargo seguirá viendo en el alcohol la salida de este estado, Por lo tanto, siguen abusando de ella. Por lo tanto, el alcohol es tanto una consecuencia como una causa de trastornos de ansiedad. Cuando el sujeto sufre de depresión, estrés o ansiedad, está más predispuesto al abuso de alcohol ya que es más frágil mentalmente. Por esta razón el cerebro percibe el alcohol como un elemento positivo, precisamente debido a las estructuras cerebrales más avanzadas, que por lo tanto se activarán positivamente contra la señal generada por la necesidad de beber.

Salir de tal estado es muy complejo, especialmente sin un apoyo externo válido. A veces es necesario hospitalizar al sujeto en estructuras específicas para tratar trastornos de alcoholismo, porque sólo con la separación del mundo exterior será posible volver a la vida normal sin recaer en la dependencia. Además de esto, el apoyo psicoterapéutico es esencial para aprender a manejar la ansiedad.

La adicción a la nicotina también puede estar estrechamente relacionada con la ansiedad. A menudo los fumadores están convencidos de que en momentos de ansiedad encender un cigarrillo sirve como un sedante. En cambio, es al revés, ya que sólo reduciendo la adicción al tabaco disminuirán los niveles de ansiedad y nerviosismo. El consumo de nicotina es un factor negativo para la persona que sufre de trastornos de ansiedad, de hecho, tiende a empeorar las dolencias que puede manifestar, especialmente la sensación de tener dificultad para respirar. Los niveles de ansiedad y estrés son mucho más altos en las personas que fuman para reducir el estrés que en las que fuman por placer. Sin embargo, hay numerosos estudios que muestran que dejar de fumar reduce los niveles de ansiedad en ambos tipos de fumadores.

Aunque no tan grave como el alcoholismo, dejar de fumar también requiere un esfuerzo considerable y una gran fuerza de voluntad, especialmente en las personas que sufren de condiciones como la ansiedad y la depresión. Por esta razón puede ser necesario recurrir a especialistas que puedan ayudar en este proceso.

1.4.3 - Depresión y trastornos de la alimentación

Si un individuo sufre de ansiedad, a veces puede incluso llevar a la depresión, especialmente si eventos negativos como la pérdida de un ser querido, la pérdida de trabajo, una crisis familiar o económica están en la raíz del trastorno. En estos casos el sujeto se siente triste, desanimado, incapaz de seguir con su vida normalmente. La correlación entre la ansiedad y la depresión no ha sido científicamente probada, pero los casos clínicos y la doctrina médica han demostrado que es muy frecuente que los que sufren de uno de los dos trastornos a menudo sufren de la otra. Muchas personas tienden a confundir los síntomas de los dos trastornos, aunque son dos enfermedades distintas. Sin embargo, los trastornos de ansiedad pueden generar problemas depresivos, causando una reacción continua de causa-efecto. Por ejemplo, una persona que sufre de ansiedad social puede ir tan lejos como la depresión debido a su incapacidad para relacionarse y el aislamiento consiguiente, así que en este caso es la ansiedad que afecta la depresión y por lo tanto es precisamente la ansiedad que tendrá que ser tratado principalmente. Si un sujeto está sufriendo de una forma de depresión severa que lo induce a un estado de ansiedad, es la depresión que afecta la ansiedad y por lo tanto será el que se trata principalmente.

Cuando sufres de ansiedad, también puedes desarrollar trastornos alimenticios. Los trastornos alimenticios (DA) se caracterizan por una relación distorsionada y errónea con la comida, acompañada de una obsesión con el peso y la aptitud física. Este tipo de trastorno es más común en las adolescentes.

Los trastornos alimentarios más comunes son la anorexia, la bulimia y los trastornos alimentarios incontrolados. Las vidas de las personas que sufren de un trastorno alimenticio están totalmente alteradas, ya que para ellas todo gira alrededor de la comida y el terror de ganar peso y engordar. La ansiedad aumenta cuando tienen que asistir a una cena fuera de su casa, en otras palabras, una situación en la que no pueden estar en control. La obsesión con lo que comes es constante durante todo el día, incluso lejos de las comidas. El porcentaje de los que buscan ayuda en presencia de tales dolencias es muy bajo, y lo hacen a veces cuando el trastorno ya está en una etapa avanzada y las condiciones físicas y mentales se han derrumbado. Común a cualquier tipo de trastorno alimenticio es la visión distorsionada del propio cuerpo, que hace que el sujeto sea no objetivo en relación con la realidad. Si sufres de anorexia, por ejemplo, en el espejo siempre verás una figura que no es lo suficientemente delgada, con demasiado vientre, con las caderas anchas, o con los muslos grandes. Los que sufren de bulimia sienten que su peso es extremadamente excesivo debido a la falta de control sobre los alimentos, aumentando así sus niveles de ansiedad.

Todo esto puede llevar a actos de autolesión, a veces extremos, culminando en la pérdida de la vida debido a un estado mental ahora totalmente irreal y dispar, empeorado por la ansiedad y la depresión. Para curar estos trastornos, que además de la esfera psíquica también afectan seriamente a la física, se necesita un apoyo específico: hay centros de rehabilitación que acompañan a los enfermos en el camino del renacimiento, reeducarlo a la alimentación de la manera correcta, acompañando la terapia con apoyo psiquiátrico.

Capítulo 2 - Cómo manejar la ansiedad

Las personas que sufren de ansiedad y trastornos asociados a menudo son incapaces de hacer frente a su propio problema. Sin embargo, con una terapia adecuada, la mayoría de ellos se beneficiarían tanto física como mentalmente. Las terapias más comunes se basan en el consumo de drogas y el apoyo psicoterapéutico. Es importante especificar que los medicamentos no son necesarios para la curación del sujeto afectado por la ansiedad, pero pueden ser útiles para aliviar las dolencias que causa. La continua evolución de la medicina y la ciencia ha puesto a disposición en el mercado farmacológico una amplia variedad de medicamentos ansiolíticos, por lo que, si una persona en particular no se beneficia del uso de un medicamento en particular, puede optar por otro con diferentes principios. La terapia farmacológica no debe ser de bricolaje, ya que de lo contrario pueden ocurrir complicaciones adicionales. La prescripción de un médico especialista en psique es esencial para emprender un camino terapéutico de este tipo, que supervisará constantemente la salud del sujeto con las debidas precauciones.

Además de la terapia farmacológica, el apoyo psicoterapéutico es de fundamental importancia, especialmente el basado en la terapia cognitivo-conductual. Este tipo de terapia está dirigida a corregir comportamientos involuntarios que se desencadenan en ciertas situaciones, en las que el paciente no es capaz de reaccionar adecuadamente, para evitar sentirse enfermo y tener una crisis de pánico y ansiedad. El ejemplo más significativo es el de la respiración: se ayuda al paciente a aprender la técnica de la respiración diafragmática, que consiste en respirar lenta y profundamente, y reduce las palpitaciones y todos los demás síntomas causados por la ansiedad. Con la terapia conductual los pacientes también necesitan aprender cómo manejar la ansiedad y los trastornos de pánico en caso de que también se producen una vez que han fallecido. En algunos casos también se pueden indicar terapias conductuales de grupo.

Lo primero que debes hacer cuando sientas que está sufriendo de ansiedad es acudir a su médico de cabecera, que puede ayudarte a entender si es realmente ansiedad o alguna otra condición. Entonces podrás identificar la figura médica indicada para los casos específicos. Los especialistas más adecuados son psiquiatras y psicoterapeutas.

2.1 - Entender las razones que dieron lugar a la ansiedad

La ansiedad es una de las dolencias más comunes en los tiempos modernos, debido a la incertidumbre laboral y familiar, y afecta a un número cada vez mayor de personas. Genera preocupación, malestar, miedo, tensión, como si fuera a enfrentar un ataque inminente desde el exterior, al que el sujeto teme no poder reaccionar. Por lo tanto, los pacientes de ansiedad son extremadamente vulnerables en cualquier situación, por lo que tienen miedo de algo indefinido. Por esta misma razón, es difícil entender las razones que dieron lugar al estado de ansiedad.

Es esencial recordar que la ansiedad es un mecanismo natural que comienza a permitir al sujeto hacer frente a ciertas situaciones, gracias al aumento de la adrenalina que sirve como un empujón motivacional. Pero cuando la mente convierte un problema que puede ser resuelto en realidad en una situación de peligro y malestar, uno se encuentra en la presencia del sufrimiento de la ansiedad: la ansiedad ya no es un estímulo, sino que se convierte en una patología.

No está claro cómo la ansiedad puede desarrollarse y hacerse cargo de la vida del individuo, Sin embargo, estudios recientes han demostrado la posibilidad de que este mecanismo esté influenciado por un circuito neuronal que conecta el tabique lateral del cerebro con otras estructuras cerebrales que afectan la ansiedad. Se trata de un estudio experimental, lejos de lograr una formulación médica, y sobre todo de un tratamiento farmacológico específico.

Es importante entender cuáles son los desencadenantes de la ansiedad, y para ello es necesario investigar y analizar la vida y la salud del sujeto. En primer lugar, afecta en gran medida la presencia de enfermedades crónicas: los que sufren de enfermedades crónicas como la diabetes, la hipertensión, el asma, las enfermedades del corazón, son mucho más vulnerable a la ansiedad, precisamente por miedo al curso de la enfermedad. Los trastornos tiroideos también pueden afectar negativamente la ansiedad. La ansiedad también puede ser el resultado de cambios en la vida, o de situaciones que generan estrés, tales como pérdida de empleo, parto, trauma, violencia, un accidente, la desaparición de un ser querido, Así que si estás en una de estas situaciones es posible que el nivel de ansiedad aumente considerablemente, precisamente debido al estrés causado por la experiencia. La ansiedad también puede ocurrir después de un evento traumático, que ha dejado una marca profunda. Los traumas y las fobias pueden ser las principales causas de ansiedad, y para superarlos es necesario reconocerlos y tratarlos, con el apoyo terapéutico adecuado.

2.1.1 - Abordar el trauma y las fobias es el primer paso para superar la ansiedad

Al experimentar un acontecimiento dramático de peligro, el ser humano puede sufrir una profunda herida interior, difícil de curar. Nuestro sistema está hecho para reaccionar a estas situaciones, para crear un mecanismo de defensa que sea capaz con el tiempo de superar el trauma sufrido y recuperar sus propias vidas. Sin embargo, esto no siempre sucede: si el trauma es demasiado fuerte, o simplemente si el sujeto no puede salir de él solo, es necesario que un especialista intervenga, que lo guiará a través de un camino terapéutico diseñado para superar su propio trauma.

Lo mismo sucede cuando el sujeto sufre de fobias específicas, en las que el miedo es extremo y sin sentido, pero es incapaz de controlarlo, por lo que hace todo para evitar esa situación u objeto en particular. Evitarlo no es algo bueno, sin embargo, porque cada vez que el peligro, que es el tema de la fobia de uno se evita, sólo habrá un aumento adicional en la creencia de que esta fobia es bien-fundada, aumentando el miedo y la desconfianza en la capacidad de uno para reaccionar.

El primer paso para superar la ansiedad en estas situaciones es enfrentar tus miedos, reconocer las fobias y traumas que alimentan la ansiedad y derrotarlos. Detrás de nuestros miedos siempre hay algo invisible, algo interior para todos, que luego se expresa con ansiedad. Así que es crucial entender lo que está mal con el sistema de todos, para aprender a manejar mejor las situaciones que podrían generar ansiedad y miedo. Para vencer las fobias y superar los traumas, se necesita una voluntad importante, con la ayuda de especialistas médicos, que serán capaces de elaborar un plan terapéutico personal. Pero si no hay voluntad del sujeto, si no decide enfrentar sus propias limitaciones, entonces el éxito de la curación será mucho más complejo.

2.2 - El aumento de la autoestima ayuda a controlar los trastornos de ansiedad

Es natural que todos los individuos se sientan fuera de lugar en ciertas situaciones, para experimentar estrés, ansiedad y malestar. La razón de este sentimiento se debe a la baja autoestima que uno a menudo tiene de sí mismo y de sus propias habilidades en comparación con las de los demás.

El concepto de autoestima se basa precisamente en la comparación entre el Ego Real percibido, es decir, cómo uno se ve a sí mismo y cómo uno piensa ser y aparecer, y el Ego Ideal, es decir, cómo a uno le gustaría estar ante sus propios ojos y los de los demás. Cuanto más diferentes sean estas dos figuras, menor será su nivel de autoestima, resultando en ansiedad, estrés, malestar y tristeza. Por el contrario, si el Ser Real se acerca al Ideal, entonces uno sentirá una sensación de alegría y satisfacción que aumentará su autoestima.

Todo individuo debe mantener siempre su autoestima, para evitar hundirse en momentos de ansiedad y desesperación y encontrarse incapaz de hacer frente a los acontecimientos de su vida laboral y personal. Para hacer esto, uno debería valorar más su propia persona, o reducir las pretensiones de perfección hacia uno mismo, en ambos casos con el objetivo de reducir la brecha entre el Real percibido y el Ego Ideal. Por lo general, el Ego Ideal está demasiado lejos de cómo uno realmente es o de cómo uno vive, pero la perfección nunca se puede lograr, y por esta razón las expectativas serán ignoradas, provocando un sentimiento de fracaso. Tal situación lleva al sujeto a sufrir de ansiedad y ataques de pánico, ya que siempre se siente inadecuado en cada situación de la vida, está constantemente preocupado por el pensamiento de los demás y cómo los ven y los consideran, con repercusiones negativas en sus relaciones sociales.

La ansiedad se desata cuando se teme que pueda ocurrir una situación peligrosa, o cuando uno se siente expuesto a algo con lo que no se siente capaz de lidiar. Sin embargo, esta percepción no siempre es real y bien fundada, pero es el fruto de los miedos inherentes en la mente del sujeto ansioso, que tiende a aislarse para evitar la vergüenza o la vergüenza, consolidando cada vez más la percepción negativa del yo.

Si la autoestima crece, las situaciones que pueden causar ansiedad disminuirán, ya que el sujeto ya no tendrá tanto miedo de enfrentarlas, gracias a la confianza renovada en sus habilidades. El camino es complejo, pero puede ser la manera correcta de derrotar la ansiedad y recuperar el control de su vida.

2.3 - El pensamiento es la principal fuente de ansiedad

Pensar demasiado, o pensar rumiante, es uno de los factores que generan la mayor ansiedad, y consiste en pensar demasiado y casi obsesivamente sobre las cosas negativas experimentadas en el pasado. Este fenómeno está más extendido entre las mujeres, que tienden a replantearse lo que ha ocurrido o lo que han experimentado, ya que tienden a tomarse demasiado en serio en determinadas circunstancias.

El cerebro humano está naturalmente predispuesto incluso a actividades de pensamiento alto, sin embargo, los pensamientos no se dividen en varios compartimentos encerrados dentro de él, si no que están todos contenidos juntos, así que cuando estás en un mal humor, todo lo que se necesita es una pequeña cosa para sacar a todos los malos. Cuando se crea esta espiral negativa, el sujeto está dominado por la ansiedad y la sensación de impotencia. Cuando el cerebro piensa demasiado, los niveles de cortisol en el organismo aumentan, aumentando así el estrés y los estados de ansiedad y depresión, también llegar a transfigurar las situaciones positivas evitando que tengan un resultado positivo.

Cuando eres agredido por pensamientos negativos, puede ser útil tratar de enfocarte en otras cosas o dedicarte a otras actividades, entretener tu mente y distraerte a ti mismo. Incluso tomar un descanso regenerador puede ayudar. El ejercicio también puede ayudar a liberar la mente y reducir la negatividad, especialmente practicándola al aire libre. El arte ayuda a no ser atacado por pensamientos negativos, en particular la escritura, la pintura, sino también la música, gracias a la creatividad que el sujeto debe mostrar.

Capítulo 3 - Transformar la ansiedad en energía positiva

Cuando uno sufre de ansiedad, todo se ve como un peligro que nos asusta y nos aterroriza, pero uno se avergüenza de ese estado y tiende a ocultarlo de los que están cerca de nosotros. Lo que no se piensa es que a nuestro alrededor hay un gran número de personas que se comportan de la misma manera, para no hacer aparecer su estado de ansiedad. Para tener el valor de pedir ayuda, sin embargo, a menudo se necesita un evento desencadenante, como un ataque de pánico, que finalmente desencadena una especie de alarma en el cuerpo, empujando al sujeto a decidir recuperar su propia vida hasta entonces dominado por la ansiedad. Para ello es importante aprender a entender tu ansiedad, escucharla y manejarla, también con la ayuda de un especialista. Uno a menudo vive constantemente con ansiedad debido al simple hecho de que uno está acostumbrado a este estado, que es visto como normal, a veces debido a ejemplos familiares. Por esta razón es esencial entender el origen de la ansiedad, para empezar a darse cuenta de que no han perdido la cabeza, pero han experimentado situaciones o experiencias que han generado estos trastornos. La ansiedad generalmente ocurre con un síntoma físico, como falta de aliento, dolor en el pecho, o un apretón en el estómago, Sin embargo, detrás de estos síntomas siempre hay un pensamiento inconsciente que ha generado en la mente un sentimiento de miedo y que ha hecho manifiesto el síntoma físico.

Por tanto, la ansiedad no es repentina, aunque se manifiesta más agudamente cuando la persona menos lo espera: ha estado en el interior durante mucho tiempo, se ha consolidado y fortalecido, y de repente se hace sentir más fuerte, Que el sujeto sepa que está presente, y que puede hacerlo con más o menos fuerza. Si esta voz puede ser escuchada, la ansiedad ya no será un factor de bloqueo, sino que puede ser transformada en energía positiva útil para enfrentar las situaciones más difíciles con mayor determinación.

3.1 - La ansiedad puede ser útil

Si la ansiedad no supera ciertos umbrales de intensidad, entonces pierde su carácter negativo y puede tener su propia utilidad en la vida del sujeto que experimenta esta sensación. La ansiedad moderada, también llamada excitación, le permite enfrentar situaciones con determinación gracias al aumento de los niveles de adrenalina, mientras que la ansiedad intensa le impide vivir la vida pacíficamente.

Sin embargo, hablamos de una emoción común, por lo que no es ni positiva ni negativa, pero su evolución depende de la predisposición del sujeto. La ansiedad suele ser necesaria por dos razones, para mantener altos los niveles de alerta y para registrar en la mente la memoria de un evento dado. La adrenalina se usa para mantenerse alerta, y desarrolla una reacción de lucha o fuga, entendida como peleas o escapes, para ayudar a la mente a decidir qué movimiento de reacción será al evento de peligro. Cuando un evento que ha generado ansiedad es grabado en la mente, lleva consigo una carga de emociones fuertes, y es precisamente gracias a esta memoria que situaciones similares serán experimentadas de una manera diferente, ejemplo de dibujo del original. Así que, si se analiza desde este punto de vista, la ansiedad debe ayudar al sujeto a enfrentar todas las situaciones difíciles y peligrosas. Sin embargo, la mente humana no reacciona de esta manera, de hecho, experimenta situaciones que generan ansiedad como algo insuperable e imposible de enfrentar.

Al aprender a manejarlo y gobernarlo, la ansiedad puede convertirse en un sentimiento positivo útil para entender si estás yendo en la dirección correcta.

3.1.1 - Reír es bueno

En los últimos años, la investigación científica ha demostrado que ciertos mecanismos biológicos convierten la risa en beneficios para el organismo. Además, un estado mental positivo reduce la posibilidad de desarrollar enfermedades pulmonares o cardíacas, diabetes u otras infecciones. A nivel cardíaco, la risa es capaz de estimular la expansión del revestimiento interno de los vasos sanguíneos, que es el endotelio, facilitando así el paso de la sangre, como sucede cuando se hace ejercicio.

A menudo se piensa que la seriedad en una persona es sinónimo de fiabilidad, madurez y responsabilidad, y uno ve a una persona siempre alegre como inmaduro y superficial. Esta consideración es totalmente infundada, pero sobre todo errónea, ya que ser capaz de reír y ser positivo incluso cuando la situación se hace difícil ayuda a ser más flexible y elástico.

Reír te permite desarrollar curiosidad y creatividad, para abrir tu mente desde todos los puntos de vista. El estado de ánimo se ve afectado positivamente, y por lo tanto la ansiedad también disminuye, con menos estrés y miedo. Cuando uno sufre de ansiedad, estrés, depresión y ataques de pánico, el sistema inmunológico se reduce considerablemente, y por lo tanto el sujeto es más vulnerable y está expuesto a enfermedades: la risa puede ser una terapia, porque eleva las defensas inmunes del cuerpo; proporciona beneficios de varias maneras, circulatorio, cardiovascular y neurológico.

Por estas razones, la terapia de las sonrisas está cada vez más extendida, también se practica en los hospitales a través de la terapia de payasos, especialmente con los niños. La terapia de la sonrisa sirve para traer alegría a aquellos que viven una vida difícil o están gravemente enfermos. La risa también fortalece las relaciones sociales con otros, por lo que el beneficio no sólo concierne a la persona sino también a sus relaciones y a las personas que interactúan con él diariamente. La terapia de la risa también es muy importante para aquellos que sufren de sociofobia y ansiedad, para ayudarles a salir de la espiral negativa.

3.2 - Deportes y danza como la terapia farmacológica más eficaz

Algunos estudios han demostrado que la ansiedad puede incluso afectar la esperanza de vida de las personas. En realidad, no se trata de una correlación directa, sino esencialmente vinculada a los estilos de vida de los sujetos ansiosos. Específicamente, estas personas tienen hábitos alimenticios inadecuados, acompañados por una tasa muy baja o completamente cero de ejercicio.

En realidad, el deporte, y en particular la danza, ayudan significativamente a los sujetos a protegerse y prevenir la ansiedad. La razón principal reside en el hecho de que el deporte y la danza están destinados a buscar la armonía y alcanzar ciertos objetivos y requieren una concentración particular. Esto significa que es necesario vaciar la mente para enfocar la actividad de todo el sistema nervioso central y el sistema esquelético-muscular con el fin de alcanzar los propósitos previstos.

El deporte generalmente aumenta el nivel de bienestar físico e influye positivamente incluso en el bienestar espiritual. Esto conduce a una regularización de las funciones corporales que se estimulan constantemente durante todo el intervalo de tiempo dedicado a la realización de la actividad física. El logro del bienestar general sólo puede lograrse si se relajan los tejidos y se aflojan las tensiones, lo que equivale a un debilitamiento del estado de ansiedad.

El deporte también activa un proceso de optimización del peso corporal y mejora de la salud general, que debe ir acompañado de un cambio en el estilo de vida: Además de los alimentos, el tabaco, las drogas y los medicamentos innecesarios ya no deben utilizarse.

Otra ventaja que se deriva de la realización de la actividad física se refiere a la posibilidad de establecer relaciones interpersonales, capaces de aliviar la ansiedad. Las relaciones sociales son de hecho muy importantes en la vida de un sujeto, especialmente uno afligido por trastornos de ansiedad. Esas relaciones ayudan a aliviar las tensiones y a disipar las frustraciones, así como a crear vínculos que podrían ayudar a superar situaciones particularmente difíciles.

3.3 – La fuerza de voluntad para contrarrestar los estados de ansiedad

Los trastornos de ansiedad y los síntomas pueden crear situaciones inhibitorias en las que el sujeto parece incapaz de reaccionar. Si se considera y se permite la ansiedad puede crear consecuencias muy desagradables. Por esta razón es importante adoptar técnicas que contrasten estados ansiosos y optimicen la fuerza de voluntad. Precisamente de este último surgen las energías necesarias para afrontar los problemas causados por este tipo de perturbaciones.

Las técnicas para optimizar la fuerza de voluntad actúan directamente sobre el ego del sujeto ansioso y deben ser llevadas a cabo constantemente, diariamente. El primer ejercicio es imponer al cuerpo ciertas actividades, incluso banales, que pueden influir en los hábitos. El ejemplo más común es cepillarse los dientes con la mano débil, la mano izquierda para un sujeto que normalmente usa la mano derecha y viceversa. Esta simple imposición ayuda a alterar la psiquis y el ego y, a la larga, puede incluso afectar el mecanismo reaccionario por el cual el cuerpo trata con la ansiedad.

La segunda técnica es más extrema y no siempre factible. Se trata de imponer que no hablemos durante un día entero, a menos que se hagan preguntas directas. Este tipo de imposición, que deriva de una actitud adoptada por los monjes tibetanos, permite que el conflicto entre la voluntad y la ansiedad sea internamente desplazado y combatido de acuerdo a sus propias formas y creencias. Por supuesto, es importante exteriorizar y manifestar los problemas que enfrenta la gente, especialmente durante los períodos más complicados, pero este método puede proporcionar una alternativa válida y eficaz a las prácticas comunes.

La idea con la que necesitas profundizar en esta visión es imaginar la fuerza de voluntad como un músculo. Como todos los otros tejidos que pertenecen a esta categoría, también la fuerza de la voluntad por lo tanto necesita un entrenamiento constante, que le permite aumentar su tenacidad y carácter, especialmente cuando es necesario hacer frente a los trastornos causados por el estado de ansiedad. No ejercitar la propia voluntad significa perder su uso y la consecuencia principal es la apertura total de las defensas psico-físicas contra la ansiedad.

3.3.1 - Cuando el amor es sinónimo de ansiedad

A veces, la causa principal de los trastornos de ansiedad se puede identificar dentro del entorno familiar. Una relación abrupta, gruñona y, en general, no armoniosa con tu pareja puede llevar al estado de malestar típico de la ansiedad, con la manifestación de todos los síntomas típicos de este trastorno.

Por supuesto, la ansiedad de este tipo tiene peores efectos que la ansiedad causada por un evento estresante. El mayor riesgo es el de acostumbrarse a la ansiedad, hundiéndose en un olvido caracterizado por todos los síntomas relacionados con el trastorno experimentado, paradójicamente, constantemente. En tal escenario, la fuerza de voluntad se vuelve indispensable. No es posible adaptarse a la ansiedad o incluso complacerla. Es necesario abordar esa relación a fin de resolver los malentendidos e identificar un terreno común en el que basar el futuro en conjunto.

La intensidad de la ansiedad que proviene de una relación apasionada es, en la medida de lo posible, aún más fuerte, precisamente porque está vinculada al sentimiento por excelencia que el ser humano es capaz de sentir, es decir, el amor. A menudo estas relaciones se resuelven gracias a la intervención de un terapeuta capaz de alimentar la voluntad y calmar los malentendidos, estimulando la parte apasionada.

En esto también la ansiedad debe ser utilizada como una fuente de energía, capaz de revertir el escenario: de una situación con facetas decididamente pesimistas puede surgir un futuro lleno de pasión y amor.

3.3.2 - Creencia en el futuro

La fuerza de voluntad también puede tener un efecto positivo en el futuro. Un sujeto ansioso tiene una visión negativa de lo que podría suceder y si está relacionado con la ocurrencia de un evento, la ansiedad no permite que el sujeto afligido voltee su mirada.

El futuro, por lo tanto, representa un elemento único y extremo en la vida de un sujeto ansioso. Este desorden es capaz de alterar la visión de la realidad, de exagerar los miedos y aumentar los problemas, a veces insertándolos de inexistentes e imposibles. La ansiedad sobre el futuro depende estrictamente de las incógnitas de lo que sucederá. Bajo esta perspectiva parece difícil hacer mejoras que puedan reequilibrar el organismo, devolviendo el estado de ansiedad a un nivel regular y totalmente manejable.

En realidad, es necesario adoptar técnicas, incluso meditativas, que puedan aumentar la autoestima. Tener la conciencia de lo que eres capaz de hacer y enfrentar te permite distanciar casi totalmente la ansiedad y observar el futuro ya no con el miedo dictado por la imposibilidad de anticiparlo, pero con la capacidad de enfrentar lo que pase. El equilibrio psicofísico se puede lograr gracias a técnicas que pueden relajar el cuerpo y aumentar la autoestima y se llaman técnicas de bioenergía.

El propósito de estas prácticas es conectar los tres elementos que conforman el ser humano, a saber, la mente, lo físico y el ego. Alimentarse energéticamente estos tres componentes les permite enfrentar no sólo el presente, sino también el futuro con vigor físico y espiritual, y con ellos también todas las ansiedades que el tiempo y las incógnitas implican.

3.4 - Tratamiento psicoterapéutico para superar estados de ansiedad

El tratamiento que garantiza la mejor eficacia en el tratamiento contra la ansiedad es el tipo psicoterapéutico. El objetivo de las psicoterapias es aliviar los síntomas causados por el trastorno de ansiedad y remontarse a la causa generadora, a fin de obtener una acción directa sobre el trastorno.

El primer tipo de tratamiento psicoterapéutico que permite superar estados de ansiedad toma el nombre de terapia metacognitiva, también conocida con el acrónimo

MCT. Este tipo de terapia trata las creencias poseídas por el sujeto ansioso que afectan a la melancolía típica del trastorno y actúa sobre los aspectos psico-físicos involucrados en el manejo de los pensamientos.

Un segundo tipo de psicoterapia se llama TCC o terapia cognitiva estándar. También en este caso el objetivo es reducir los síntomas de ansiedad, pero las modalidades difieren del primer tratamiento, ya que tratan de actuar sobre el ego del paciente. El objetivo es fomentar la autoestima y la conciencia de los propios talentos, con el fin de proporcionar al sujeto todas las armas que pueden luchar contra la ansiedad y entrenarlo sobre cómo usarlos.

Estas son dos terapias diametralmente opuestas pero que te permiten acercarse a la ansiedad de una manera muy eficaz.

Conclusiones

Una vez que hayas identificado todas las causas que pueden causar trastornos de ansiedad leves o de alta intensidad que afectan la psique de una persona, puedes tratar de abordar estos síntomas con el fin de derrotarlos. En cierto sentido es posible imaginar la ansiedad como un ánfora llena de energía negativa. Cuando el sujeto entra en contacto con su propia fobia, con los traumas sufridos durante el período de la infancia o cuando los acontecimientos futuros que generan impaciencia y ansiedad tienden a acercarse, el ánfora se vacía gradualmente y se liberan componentes energéticos. Por lo tanto, el sujeto ansioso debe aprender a transformar la ansiedad de un componente negativo en energía positiva.

De esta manera es posible explotar todos los componentes positivos que derivan de una liberación repentina de energía para lograr sus objetivos: por ejemplo, mediante la explotación de los trastornos de ansiedad es posible lograr un aumento de uno mismoestima, pero también superar el trauma y el miedo, el ejercicio a niveles óptimos y especialmente reír.

Uno de los factores más importantes que afectan los trastornos de ansiedad es la fuerza de voluntad. Gracias a ella es posible escapar del túnel creado de la ansiedad y afrontarlo, gracias también a una conciencia en los propios medios siempre mayor, que concuerde optimizar su bienestar diario. Una vez que aprendas a combatir la ansiedad, también es posible planificar tu futuro objetivamente y entender qué caminos realmente quieres tomar en tu vida.

Hay, en cualquier caso, tratamientos puestos en marcha por médicos especializados en este campo, que te permiten abordar los trastornos de ansiedad de la manera correcta. Gracias a estas terapias, que actúan directamente a nivel psicológico, un sujeto intuye cómo la ansiedad opera a nivel físico y psíquico y obtiene información importante sobre cómo lidiar con ella, de tal manera que ya no tenga que sufrir las consecuencias que ha causado.